Todos los libros de Linkgua Ediciones cuentan con modelos de Inteligencia Artificial entrenados por hispanistas. Pregúntale al chat de tu libro lo que desees acerca de la obra o su autor/a.

Para ebooks: Accede a nuestro modelo de IA a través de este enlace.

Para libros impresos: Escanea el código QR de la portada con tu dispositivo móvil.

Obtén análisis detallados de nuestros libros, resúmenes, respuestas a tus preguntas y accede a nuestras ediciones críticas generativas para una experiencia de lectura más enriquecedora.
La transparencia y el respeto hacia la autoría de las fuentes utilizadas son distintivos básicos de nuestro proyecto. Por ello, las respuestas ofrecen, mediante un sistema de citas, las fuentes con las que han sido elaboradas.

José de Diego

Poemas

Barcelona 2024
Linkgua-ediciones.com

# Créditos

Título original: Poemas.

© 2024, Red ediciones S.L.

Diseño de cubierta: Michel Mallard.

ISBN rústica: 978-84-9816-585-2.
ISBN ebook: 978-84-9897-851-3.

Cualquier forma de reproducción, distribución, comunicación pública o transformación de esta obra solo puede ser realizada con la autorización de sus titulares, salvo excepción prevista por la ley. Diríjase a CEDRO (Centro Español de Derechos Reprográficos, www.cedro.org) si necesita fotocopiar, escanear o hacer copias digitales de algún fragmento de esta obra.

## Sumario

| | |
|---|---|
| **Créditos** | 4 |
| **Brevísima presentación** | 9 |
| La vida | 9 |
| Arte poética | 11 |
| La borinqueña | 13 |
| Pomarrosas | 15 |
| Aguadilla | 17 |
| El «ojo de agua» | 21 |
| El «canto de las piedras» | 23 |
| En la cumbre | 25 |
| Pájaro verde | 27 |
| ¡Pitirre! | 29 |
| Al guaraguao | 31 |
| De mi vida | 33 |
| Amor niño | 35 |

| | |
|---|---|
| Amor rimado | 39 |
| Tu nombre | 41 |
| Rayos de Luna | 43 |
| Sombra | 45 |
| Dios provee | 47 |
| Avatar | 49 |
| María de Pacheco | 51 |
| Fuerzas irresistibles | 53 |
| A Laura | 55 |
| Libros a la carta | 63 |

# Brevísima presentación

La vida

José de Diego (1867-1918). Puerto Rico.

Es una de las figuras literarias antillanas más destacadas del siglo XX. Poeta, ensayista, jurista y político.

Hizo sus estudios primarios en Mayagüez, y más tarde comenzó sus estudios superiores en Logroño, España. Allí fue encarcelado a causa de unos poemas de contenido revolucionario. Muchos de sus textos tienen carácter político, alusivos a la situación de Puerto Rico y Cuba, últimas colonias españolas en América.

En 1891 José de Diego se trasladó a la Universidad de La Habana, Cuba, donde obtuvo la licenciatura en Derecho y un año después terminó su doctorado. José de Diego se involucró en los asuntos políticos de su país y fue uno de los más arduos impulsores de la independencia isleña. Tras su éxito como abogado, ocupó varios puestos gubernamentales en Puerto Rico.

Después de un período romántico, con influencias posteriores del movimiento pre-moderno, de Diego se inclinó, sobre todo, hacia el realismo. El poema romántico que lo hizo famoso fue «Elegía a Laura».

La crítica divide su obra poética en cuatro partes: Tiempo de jovillos, Tiempo de pomarrosas, Tiempo de rebeldía y Tiempo de las parábolas.

## Arte poética

A una coqueta

Una leyenda, tu azarosa vida;
tu espíritu voluble, una dolora;
tu boca un madrigal es que atesora
la dulzura en sus frases escondida.

Es de tu frente la risueña aurora
idilio tierno que al amor convida
y en tu faz palpitante y encendida
una égloga de flores puso Flora.

De una armonía celestial emblema,
tienen tus ojos la cantante llama
que alumbre y da la inspiración suprema.

¡Y todo en ti es poesía y todo ama!
¡Y no eres un magnífico poema
porque eres un magnífico epigrama!

## La borinqueña

¿Qué alma, llorando su infeliz destino
dentro del himno popular se agita,
al ascender la música infinita
en el fondo del aire cristalino?

Vibra en la flauta el prolongado trino,
la tempestad en el tambor palpita,
gime el violín, el clarinete grita
y solloza profundo el bombardino...

Es el acento múltiple, anhelante,
de la perdida caravana errante
que del nativo hogar la suerte implora...

¡Es el alma de un pueblo sin enseña!
¡Es la dulce, la triste «Borinqueña»,
madre ideal que por sus hijos llora!

## Pomarrosas

En las orillas de los viejos ríos,
que llevan sus corrientes rumorosas
por los bosques recónditos y umbríos,
nacen las pomarrosas
pálidas, escondidas, aromosas,
lejos del Sol, como los versos míos...

En el suelo feraz, que el agua inunda,
yérguese el tronco en la raíz profunda,
al son perpetuo del raudal sonoro:
¡y absorbe, en cada poro,
el jugo que le nutre y le fecunda
y el resplandor de sus manzanas de oro!

¡Como los astros, al tocar su meta,
brillan las pomarrosas reflejadas
en el móvil cristal de la onda inquieta...
como las granadas
y como las canciones del poeta,
flotan sobre la tierra coronadas!

¡Oh, fruto, en que la flor se transfigura,
sin dejar de ser flor! ¡Tierna hermosura,
que la fragancia con la miel reparte,
y es perfume y dulzura
y símbolo, en que muestra la natura
la virginal maternidad del arte!

¡Cuán misterioso de la tierra el seno!

La sombra de la muerte se difunde
en el abismo, de amarguras lleno...
¡El tártago se hunde
y, en vez de néctar de la vida, infunde
y alza a la flor maléfica el veneno!

Mas, no la pomarrosa, que transmuta
en rica savia y en potencia fuerte
la ponzoña que infiltra la cicuta...
¡Así mi alma convierte,
como el arbusto de la blanca fruta,
la sombra en luz y en navidad la muerte!

¡Amor! ¡Dolor! ¡Corriente combatida!
¡Esperanza inmortal! ¡Anhelo santo!
¡Ondas de mi alma y ondas de mi vida!
¡Fecundidad del llanto!
¡Renacimiento de la fe perdida!
¡Poemas del bien y rosas de mi canto!

¡Bendecid a las áureas pomarrosas,
que en las orillas de los viejos ríos
se elevan escondidas y aromosas!
¡Amad los desvaríos
del alma triste que, en los versos míos,
saca los frutos del abismo en rosas!

## Aguadilla

Desde la bahía.

De las selvas y las ondas
se alza el pueblo en el regazo,
junto a las arenas blondas,
bajo las oscuras frondas,
como en un perpetuo abrazo
de las selvas y las ondas.

Coronadas de banderas,
erigen sus verdes lanzas
las altísimas palmeras,
y guarecen las riberas
con sus torres de esperanzas
coronadas de banderas.

Volando sobre las olas,
de un extremo al otro extremo
pasan las esbeltas yolas,
que, en el peligro supremo,
tienden las alas del remo,
volando sobre las olas.

Al pie de la cruz divina,
sobre el campanario enjuto,
algo muy leve se inclina...
¡y es la parda golondrina,
como una virgen de luto,
al pie de la cruz divina!

En las llamas de la tarde
envuelto el flanco terrizo
del Cuartel, relumbra y arde,
bajo el pabellón rojizo,
que es también un áureo rizo
en las llamas de la tarde.

Como una blanca misiva,
la mansión de tumbas llena
se abre al cielo pensativa...
¡y se extiende playa arriba,
grabada sobre la arena,
como una blanca misiva!

Parecen las sepulturas,
eternamente arrulladas
del mar por las ondas puras,
violetas de las llanuras,
gaviotas acurrucadas
parecen las sepulturas...

En las nubes de Occidente,
misteriosos espejismos
flotan sobre el Sol muriente...
¡y se funden los abismos
y hay terribles cataclismos
en las nubes de Occidente!

El pelícano resbala
en lo alto de su elemento,
su grito de órgano exhala

y, apenas moviendo el ala,
como una cruz en el viento
el pelicano resbala.

A los lívidos luceros
abre el mar sus lobregueces,
en brillantes reverberos...
¡y, engañados y ligeros,
intentan picar los peces
a los lívidos luceros!

Ya se encienden los altares
de las casitas del monte;
ya se agrandan los palmares,
ya se ennegrecen los mares,
ya se apaga el horizonte...
¡ya se encienden los altares!

Como una ciudad del cielo,
Aguadilla se estremece
de las sombras en el velo
¡y, desprendida del suelo,
baja y sube y resplandece,
como una ciudad del cielo!

## El «ojo de agua»

Con los rumores de su eterno coro,
brota la fuente de la peña dura ...
¡el «Ojo de agua» que, en su cuenca oscura,
de un cíclope en prisión derrama el lloro!

en tanto salta el surtidor sonoro
por la ancha verja, que el recinto mura,
tiembla en el fondo de la linfa pura
el pez de rosa con estrellas de oro.

En el misterio y en la sombra oriundo,
¿de qué hondo abismo o ignorada
orilla surge a la luz el manantial profundo?

¡Raro prodigio! ¡Culta maravilla!
El pan de Dios lo tiene todo el mundo...
¡pero, el agua de Dios solo Aguadilla!

## El «canto de las piedras»

Hay un sitio en las costas de Aguadilla
al pie de una montaña de granito
y a poco trecho del lugar bendito
en que duermen los muertos de la Villa

un sitio entre las rocas, do se humilla
la onda que bate al duro monolito,
y es perenne el rumor y eterno el grito
que se oye en toda la escarpada orilla.

Cuando, al sordo fragor del oleaje,
allí las tempestades se quebrantan,
vibra más fuerte el cántico salvaje:

el himno de las piedras, que levanta
las que su nombre dieron al paraje...
¡porque en mi pueblo, hasta las piedras cantan!

## En la cumbre

I     Estoy en pie en la cumbre: absorta queda,
fija en el precipicio la mirada...
¡Qué años negros ofrece esta jornada,
a los treinta malditos de Espronceda!

Cuando este día ante la noche ceda,
¿quién disipa las sombras de la nada?
¡La fe quizá, que anuncia otra alborada,
como el pájaro oculto en la arboleda!

Mas ¿quién baja sin miedo al mundo arcano?
¿Quién no teme al abismo, en la caída,
buscando al Sol entre la noche bruna?...

¡Ah, si posible fuera al ser humano
volver, desde la cumbre de la vida,
a morir niño en su inocente cuna!

II     ¡Si hubiera sido así! ¡Cuán bello fuera
volver al seno, que el infante adora!
¡El véspero fundirse con la aurora,
la última aurora con la luz primera!

Tornar el tiempo en su veloz carrera,
desvanecerse el alma creadora,
y al centro, en que la vida se elabora,
irse plegando la girante esfera.

Al infinito espacio misterioso,

donde las leyes del silencio rigen,
llegar con el postrero el primer día.

Y caer lo absoluto en el reposo,
el Universo en su divino origen,
Dios en su propia eternidad sombría...

III  Estoy en pie en la cumbre: atrás, el llano;
debajo, la honda vertical pendiente;
arriba, está la bóveda esplendente
donde se interna el ideal humano.

Firme la planta, rígida la mano,
hay que bajar por la áspera vertiente,
al suelo vuelta la humillada frente
y puesto en Dios el corazón cristiano.

Cuando el cuerpo en la tierra se derrumba
sube el alma en la atmósfera serena...
Puede venir la muerte no temida.

¡Yo sé que está la fe, tras de la tumba,
y en plena luz, tras de la sombra plena,
la eterna fuente de la eterna vida!

## Pájaro verde

Había en España un convento rural,
donde un fraile estuvo, en éxtasis santo,
diez años oyendo la gloria del canto
de un ave escondida en un robledal.

Desde que en mis ojos brotó el primer llanto
y en mi alma de niño el primer ideal,
palpita en mi ambiente, me llama a su encanto,
de un ave invisible la onda musical.

Pájaro de ensueño, pájaro divino,
escucho a la vera, por todo el camino
fluir con su timbre diamantino el trino...

Nunca te mostraste, pero te adivino
¡y sé que a la muerte conduce tu canto inmortal!

## ¡Pitirre!

Cada guaraguao tiene su pitirre.
(Adagio Puertorriqueño)

Una cruz negra en el fondo del cielo sus brazos
extiende
y en círculos lentos
desciende.

Estrechan al monte, de cumbre a cimientos,
las raíces torcidas
de una ceiba fecunda y pomposa,
que esparce a los vientos
ingrávidos copos volátiles de algodón de rosa.

Entre dos de sus ramas floridas
salta un pitirre custodio del nido que posa.

La cruz se alargaba
sobre los brazos batientes y, encesa
de lumbres de oro la pupila brava,
el guaraguao inquiría en las sombras del monte su
presa...

Súbito un grito el aire atraviesa...
Lleva erigida el pitirre la punta sutil de un florete
y ¡pitirre! resuena su grito,
cada vez que el audaz pajarito
como una rígida flecha al cuello del monstruo
acomete.

Denso, enorme, mudo,
girar no puede en su torno el feroz carnicero;
de su turbión de aletazos al ímpetu rudo
escápase en vívidas fugas el raudo guerrero,
hasta que le hunde en los ojos dos veces el pico de acero
y dos veces ¡pitirre! proclama triunfante su clarín agudo.

El vencedor fatigado en el nido reposa,
la ceiba florida
esparce a los vientos sus copos de algodón de rosa
y, al pasar a través de una nube encendida,
resalta un instante y se pierde en el cielo una cruz dolorosa...

¡Cívico pitirre, enseñanza gloriosa
que funde en un solo ideal el amor y el honor de la vida!

## Al guaraguao

Guaraguao, que giras en círculos negros
de hondas espirales.
Guaraguao largo y oscuro,
guaraguao largo y oscuro de garras de corvos
puñales,
y pico azuloso y duro
de sierra,
guaraguao largo y oscuro de alas imperiales...

¡Guarda en el pecho potente tu instinto de guerra
y el rayo de la ira en tus ojos fatales,
que tú eres lo único que puede curar nuestros
males
lo único agresivo y fiero que tiene nuestra pobre
tierra!

Asalta y destruye los nidos del monte:
Cubran tus ecos triunfales
las líricas quejas del manso sinsonte
y tus alas de luto las tumbas de los ideales.

Tú solo eres fuerte
en estos días infaustos del miedo y el oro,
del miedo y el oro tan lívidos como la muerte.

El trino
sonoro
ha muerto en el bosque latino.
Ha muerto la negra bravura en el circo y el foro...

El tribuno pide su salario. El loro
su comida en la jaula. Paciente y cansino
no embiste en la lidia, arrastrando su coyunda el toro...

Cada cual busca su yugo y su parva.
El épico gallo, el gallo divino,
pica al insecto saltante del polvo que escarda
y en el corral solo erige las corneas espuelas,
que es ya su destino
morir, no en la lucha, sino en las cazuelas.

A lo largo de nuestro camino,
como los murciélagos muerden en los árboles
muerde a los corazones
muerde la envidia a las almas,
los canes aúllan y están los ratones
royendo las palmas.

Tenía el cordero sangre de leones
y se lo llevaron nuestros batallones...
¿Quién te salva ahora, país en conquista,
de tantos felinos y tantos leones
si queda en el suelo plegado y rendido el pendón del Bautista?
¡Guaraguao, que llenas de sombra los lindes del cielo,
desciende en tu velo
de hondas espirales
y el pendón levanta y en tu pico aferra,
que tú eres el único que cura nuestros males!

## De mi vida

Prendido lo vi cuando estaba el carpintero
el nido trabajando con su agudo puñal
y era un ronco y constante picotear de acero
en el tronco astillante de la palma real.

Mecientes de las auras el soplo matinal
o en tierra ya las fibras del profundo agujero,
se las iba llevando en su pico un jilguero
que en la copa tejiera su pequeño nidal.

Mi vida es como el árbol erguido y altanero;
devora sus entrañas un feroz carpintero,
alegra su ramaje un lírico jilguero.

Es el árbol del bien y es el árbol del mal;
el dolor sus reliquias ofrece al ideal
y resuena en la cumbre el cántico triunfal.

## Amor niño

Hay muchos que se figuran
que el amor no más existe
para los hombres de veinte
y las mujeres de quince;
pero tendrán por sabido,
los que su infancia analicen,
que hay Abelardos de doce
y Eloísas de ocho abriles.

De carrillos amasados
con guayaba y alfeñique
en cuerpos de pomarrosa,
manos y pies de jazmines,
eran Pepe y Carmencita
los dos niños más gentiles
que en un mismo hogar crecieron,
él, arcángel y ella, virgen...

¡Qué comunismo tan dulce
de travesuras y ardides,
de cantos y de juguetes,
de besos y de confites!

Asordan la casa a gritos
y, corriendo hasta rendirse,
como tienen para verse
corazón y ojos de lince,
se pasan el santo día,
por alcobas y jardines,

más jugando al encontrarse
que jugando al escondite.

Amor ejerce en los niños
atracción irresistible
y, aunque en ellos no se nutre
de aficiones baladíes,
sino de sueños y flores
que en el alma echan raíces,
amor es, al fin, que en ellos,
como en los hombres, reviste
sus eternos caracteres
de avaro y de susceptible...

¡Así es que al niño, ante el beso
que en las mejillas imprimen
de la niña, los amigos
de la casa, al despedirse,
se le llenaban los ojos,
fieros tanto como tristes,
de lágrimas trasparentes
y de miradas de tigre!

Mas del beso aquel borradas
las impresiones hostiles
con las dulzuras de otro
que él de su Carmen recibe,
después de pasar el día
en cariñoso palique,
aun se les oye en el lecho...
durante el sueño sonríen...
a la mañana, despiertan

él, arcángel, y ella, virgen!

¿Quién habrá que, registrando
sus memorias infantiles,
de una Carmen, como aquella,
no halle la inocente efigie?...
Hay muchos que se figuran
que el amor tan solo existe
para aquellos que, al principio
de este romancejo, dije.

Yo, que no alcanzo a los veinte
y que a más de veinte quise,
sé, atendiendo a mi experiencia,
que el amor, niño sublime,
solamente en almas niñas
en paz con el diablo vive,
manteniéndose de sueños,
como el canario de alpiste
y el zumbador de mi tierra
de claveles y alelíes.

Bien hiciera el Poderoso
creador de cuanto existe
(sin que esto sea ponerle
los puntos sobre las íes)
de mundos en miniatura
echando en las superficies
humanidades de niños,
repúblicas juveniles,
en donde, por fuerza, todos
habrían de ser felices,

¡casándose a los diez años
y muriéndose a los quince!

## Amor rimado

¿Cartitas a mí en verso? ¡Vade retro!
Es forzado el amor en verso escrito
y no estaría bien que el dios chiquito
del viejo Apolo pretendiera el cetro.

Si en buena prosa tu cariño impetro,
no en malos versos tu cariño admito:
no se mide el amor, que es infinito,
y tú lo adaptas sin piedad al metro.

Coplas tu carta quiere, hermosa Lice,
y yo, en genial galantería extrema,
breves y monótonas te las hice.

Pero sábelo bien y ten por lema
que, en cuestiones de amor, mucho más dice
un «te quiero» mal puesto, que un poema.

## Tu nombre

Dulce es tu nombre en nuestro dulce idioma;
suena en las preces del fervor cristiano,
y es verso en el lenguaje soberano
con que aun nos habla en su sepulcro Roma.

De un pie latino la cadencia toma
cuando vibra en el ritmo castellano
cual breve arrullo de cantar lejano
o eco de amor con alas de paloma.

Dos sílabas; un beso; algo muy triste
para el que te ha perdido; la elegía
del sueño muerto, que en la muerte existe.

Carmen el mundo te llamó algún día;
pero después de lo que a mí me hiciste...
¿Cómo te llamaremos, alma mía?

## Rayos de Luna

Aquí, en el mar insomne, cual mi anhelo,
busco la paz, el sueño busco en vano...
su fulgor lanza lívido y lejano
a Luna muerta... ¡oh soledad del cielo!

Tiembla en la onda, que ilumina, el rielo,
el rielo palpitante, tan humano
que imita la escritura de una mano
el temblor de un adiós en un pañuelo...

No puede ser casualidad... no puede...
yo estoy leyendo sobre el Mar Caribe
lo que en mi propio corazón sucede...

Y es que aquel nombre que jamás exhibe,
el dulce nombre, que a mentar no cede,
mi alma de Luna sobre el agua escribe...

## Sombra

Sombra lejana de un frenesí,
antigua sombra que viene y va,
pensaba en ella, cuando la vi,
pálida y triste como ahora...

Cerca del lecho, fijos en mí
aquellos ojos marchitos ya,
era la misma que estaba aquí...
¿Cómo ha podido volver de allí?

Pálida y triste, como la Fe,
toda la noche rezó y lloró,
toda la noche la pasó en pie...

¡Y con el alba se disipó
la pobre almita, que yo adoré,
de la muchacha que me engañó!

## Dios provee

Mirad las aves del cielo,
como no siembran ni siegan,
ni allegan en alelíes
y nuestro Padre Celestial las alimenta.

San Mateo; VI, 26.

I    De un buque trasatlántico velero,
que hendía el mar con su tajante quilla,
cantaba amargamente, en la toldilla,
un zorzal de mi tierra, prisionero.

El áureo pico traspasó el acero,
cedió al dolor la dura puertecilla,
y, en sueños viendo la ignorada orilla,
el pájaro feliz huyó ligero.

Rendida y sola, en el desierto plano,
sobre el dintel del cielo el ave hambrienta
llamó tres veces con el ala en vano...

Brilló el rayo... luchó con la tormenta...
cayó en el centro azul del Océano...
¡Dios a los pajaritos alimenta!

II    Cayó en el centro azul del Océano,
al tiempo que flotaba, en el olaje,
una balsa de hierbas y ramaje,
que aun conservaban su verdor lozano.

De alguna selva de un país lejano
la tempestad, en su furor salvaje,
traía sobre el mar, con el follaje,
blanda semilla y generoso grano.

Así el pobre zorzal desfallecido
recibe entre las ondas el sustento;
cobra en las brisas el vigor perdido;

cruza en la balsa el túrbido elemento...
¡y, al divisar la tierra de su nido,
se alza, cantando una oración, al viento!

## Avatar

I    Palidece el Sol latino...
y un eco de angustia suena,
como en desierto que atruena
y levanta el torbellino.

Cierra el mar todo camino,
la ola se desencadena,
y la multitud condena
su origen y su destino.

Enmudece la plegaria,
penetra en el templo yerto
la onda revolucionaria...

¡Y, perdida en el desierto,
huye la Cruz solitaria,
buscando al glorioso muerto!

II    Con la tradición expira
la fe, como la inocencia,
y arde la ley con la ciencia
del sacrificio en la pira.

Todo bulle, todo gira,
todo busca otra existencia
y del alma en la honda esencia
algo se va que suspira.

¡Es Avatara que zumba!

¡Es el último gemido
del pueblo que abre su tumba!

Azotado y perseguido,
¿dónde irá que no sucumba,
el espíritu vencido?

III    La tormenta abrasadora
lleva el germen que difunde;
eterno, el Sol que se hunde
lleva en sí la nueva aurora.

En la raza vencedora
la nuestra viva se infunde
y estará en cuanto fecunde
su alma regeneradora.

Logrado el feliz concierto,
se alzará sobre su ruina
el templo alegre y abierto...

¡Y, junto a la cruz divina,
resurgirá el pueblo muerto,
con Dios y su alma latina!

## María de Pacheco

Aun flotaba, en la atmósfera sangrienta
de los batidos campos de Castilla,
el último suspiro de Padilla
el último rumor de la tormenta.

De muerte herida, la viuda alienta
y a los verdugos de la patria humilla...
¡Fue un rayo aquel que todavía brilla,
del pueblo gloria, del tirano afrenta!

Villalar dio principio al desenfreno
y, cuando todo es aparente calma,
la aristocracia se juzgó triunfante...

¡Guardaba Iberia, en el materno seno,
para un emperador, hombre sin alma,
una mujer con alma de gigante!

## Fuerzas irresistibles

Cantando va la Musa de la Tierra,
cantando va la audaz locomotora,
que difunde, con voz atronadora,
todo el poder que el Universo encierra,

si oscura masa el horizonte cierra,
sus entrañas graníticas perfora
y surge coronada y triunfadora
del corazón de la temblante sierra.

La idea es el vapor: vapor divino,
que invisible y potente, como el viento,
marcha seguro a su inmortal destino.

¿Quién osa detener su movimiento?
Si se alza una montaña en su camino,
abre un túnel y pasa el pensamiento!

## A Laura

Elegía

Laura mía: ya sé que no lo eres;
mas este amor, que ha sido flor de un día,
se olvida a solas de que no me quieres

y, en medio de mi bárbara agonía,
¡te llama a gritos, con el mismo grito
de aquellos tiempos en que fuiste mía!

Yo necesito hablarte, necesito
saber por qué me arrojas al destierro,
de tu perjuro corazón proscrito,

cuando, feliz en su adorable encierro,
al ideal querido me acercaba,
con fe sublime y voluntad de hierro;

cuando mi voz triunfante te aclamaba
¡y ya mi pobre alma, ánima en pena,
con las alas abiertas te aguardaba!

Yo aun te defiendo, porque tú eres buena
y de tu dulce corazón no pudo brotar
la amarga hiel que me envenena;

de esta espantosa realidad aun dudo
y no sé quién me preparó, cobarde,
por detrás y a traición, el golpe rudo.

Ya es tarde, Laura: por desgracia es tarde;
mas si estás inocente... ¿por qué muda,
si aun la pasión en mis entrañas arde?

Prestárame tu voz su noble ayuda,
cuando al altar de nuestra fe sencilla
cubrió el velo de sombra de una duda...

La luz se impone: la inocencia brilla...
¡tú bien pudiste disipar la sombra,
hija del sal trigueño de Aguadilla!

¡Aun tu silencio criminal me asombra!
¡aun hay un labio, a la traición cerrado,
huérfano de tus besos, que te nombra!

¡Aun me acuerdo del ángel malogrado,
verbo de nuestro amor, como el Dios hijo,
concebido sin mancha ni pecado!

Aun al ángel en sueños me dirijo...
¡larva de luz, que en el sutil capullo
no sintió de la vida el regocijo!

¡Aun me enardece el lánguido murmullo
que repercute el eco, en mi memoria,
de tu primer voluptuoso arrullo!

Tú sabes bien que es dulce nuestra historia
y que este infierno, a que el amor me lanza,
fue cielo un día y comenzó en la gloria.

Mi pobre corazón es siempre el mismo.
¡Ángel guardián, que con temor me augura
la presencia secreta del abismo!

Pero ¿quién, que haya vista tu hermosura
sabe si es luz de Sol o de centella
la que en tus ojos de mujer fulgura?...

Agita en ti la muerta remembranza
de aquel momento, del momento triste
en que puse en tus manos mi esperanza,

¡y te verás culpable! Sí, lo fuiste...
No sé por qué presentimiento extraño
yo quise huir... y tú me detuviste.

Recia batalla el día del engaño
libraron el amor y el egoísmo,
que adivinaba mi futuro daña.

¡Cuidado que eres cariñosa y bella!
¡Qué tarde aquella la de aquel gran día!
¡Qué día aquel el de la tarde aquella!

¡Aun vive en mis oídos la armonía
con que la danza comenzó gimiente,
como una niña enferma que sufría,

y en mis ojos tu imagen sonriente,
como un ángel asido por un ala,
del brazo mío y de mi amor pendiente!

Mi dolor es horrible; pero exhala,
como el opio que abate y se sahúma,
su ardiente esencia en vaporosa escala.

Y, esperando que mi alma se consuma,
absorbo, en el recuerdo adormecido,
el tósigo que brilla y que perfuma...

¡Ay, porque va mi corazón herido
muriéndose de frío, poco a poco,
como se muere un pájaro sin nido!

Porque aun te quiero y mi dolor sofoco
en medio de este malestar sublime,
tengo accesos de furia, como un loco,

en que el león enamorado gime...
¡y una venda de sangre, que me ciega,
y una cosa en el pecho, que me oprime!

En la callada y pertinaz refriega,
que pensamiento y corazón sostienen,
triunfa el delirio y la razón se entrega.

Dulces recuerdos a alentarme vienen
de mis benditos lares borinqueños,
que algo del fuego de tus ojos tienen,

y, del incendio que provocan dueños
te hacen surgir: entre las llamas brillas,
vesta inmortal del templo de mis sueños.

¡¡y cae el pensamiento de rodillas
vencido, al fin, y en largo desvarío
te jura el pobre corazón que humillas

que, hasta que sienta de la muerte
serás tú mi alimento cotidiano,
pan de azucena del anhelo mío!!

Mas, no por eso me verás, villano,
en aras de este amor que me atormenta
sacrificar mi dignidad en vano.

Yo sé luchar: la juventud me alienta
y tengo, a fuerza de correr los mares,
la frente acostumbrada a la tormenta.

Y si no puedo, en bien de mis pesares
lanzar tu efigie de mi pecho inerte,
como se arroja a un dios de sus altares,

sabe que a los sarcasmos del la suerte,
más débil sigue el corazón latiendo,
pero también la voluntad más fuerte.

No temas verme sucumbir; comprendo
que hay una sima entre los dos abierta,
y ha de estar siempre, ante el abismo horrendo

el centinela del honor alerta:
no temas, pues, que el desdeñado altivo,
limosnero de amor, llame a tu puerta!

Y si te escribo, Laura, si te escribo,
es que no puedo padecer ya tanto
sin dar a mi amargura un lenitivo;

¡es que me ahoga y que me ciega el llanto
y, cual huyen del rayo las gaviotas,
huye del alma tormentosa el canto,

que se revuelca, en abrasadas notas,
con el dolor del águila viuda,
que cae del cielo con las alas rotas!...

No es que mi pena, que mi pena aguda,
como a un sepulcro, a remover el fuego
del amor muerto, a tu piedad acuda,

ni a reclamar el juramento ciego
que, pálida de amor, me hiciste un día
con voz tímida y leve, como un ruego...

¡Es que entona su última elegía,
canto de cisne, doble de campana,
esta pasión asesinada mía!

¿Y tú, en tanto, qué piensas?... Si mañana
la luz extinta a resurgir volviera,
siniestra luz que del carbón emana,

¿saldrás indemne y pura de la hoguera?
¡tal vez vuelve la vida a los desiertos
y torna al alma la ilusión primera!

¡Cuidado, Laura! que los sueños muertos
ángeles catalépticos que agitan
sus alas en la sombra, están despiertos

y a los reclamos del amor se irritan...
¡Entiérrame muy hondo y ten cuidado,
que los muertos del alma resucitan!

Pero no podrá ser: miro asombrado
que aquella de una noche breve historia
fue una leyenda de hadas, que ha acabado.

Ficción no más, relámpago de gloria
que encendió en mí un altar y que ha tenido
cuna en tus ojos, tumba en tu memoria.

Echa tú el cuento de hadas al olvido
y no turbe tus goces el desvelo
de éste, que es tuyo, corazón rendido.

Vive tú: muera yo: nunca mi duelo
te asalte en sueños, cual visión extraña...
¡y que Dios te perdone desde el cielo,
como yo te perdono desde España!

Barcelona, 1888.

## Libros a la carta

A la carta es un servicio especializado para
empresas,
librerías,
bibliotecas,
editoriales
y centros de enseñanza;
y permite confeccionar libros que, por su formato y concepción, sirven a los propósitos más específicos de estas instituciones.

Las empresas nos encargan ediciones personalizadas para marketing editorial o para regalos institucionales. Y los interesados solicitan, a título personal, ediciones antiguas, o no disponibles en el mercado; y las acompañan con notas y comentarios críticos.

Las ediciones tienen como apoyo un libro de estilo con todo tipo de referencias sobre los criterios de tratamiento tipográfico aplicados a nuestros libros que puede ser consultado en Linkgua-ediciones.com.

Linkgua edita por encargo diferentes versiones de una misma obra con distintos tratamientos ortotipográficos (actualizaciones de carácter divulgativo de un clásico, o versiones estrictamente fieles a la edición original de referencia).

Este servicio de ediciones a la carta le permitirá, si usted se dedica a la enseñanza, tener una forma de hacer pública su interpretación de un texto y, sobre una versión digitalizada «base», usted podrá introducir interpretaciones del texto fuente. Es un tópico que los profesores denuncien en clase los desmanes de una edición, o vayan comentando errores de interpretación de un texto y esta es una solución útil a esa necesidad del mundo académico.

Asimismo publicamos de manera sistemática, en un mismo catálogo, tesis doctorales y actas de congresos académicos, que son distribuidas a través de nuestra Web.

El servicio de «libros a la carta» funciona de dos formas.

1. Tenemos un fondo de libros digitalizados que usted puede personalizar en tiradas de al menos cinco ejemplares. Estas personalizaciones pueden ser de todo tipo: añadir notas de clase para uso de un grupo de estudiantes, introducir logos corporativos para uso con fines de marketing empresarial, etc. etc.

2. Buscamos libros descatalogados de otras editoriales y los reeditamos en tiradas cortas a petición de un cliente.